U0922823

柏林博物馆岛

红糖美学 著

世界博物馆全书 第一辑

華中科技大學出版社
http://press.hust.edu.cn
中国 · 武汉

有书至美
BOOK & BEAUTY

前言 Preface

世界博物馆全书系列，是我们对艺术与历史的深刻致敬。我们邀请您开启一段跨越时空的探索之旅，一起深入了解和欣赏世界级博物馆的珍藏。这一系列的创作源自我们对人类智慧和美学的敬畏：我们希望通过呈现各地博物馆中的文物精品，启发读者探索不同文明的交融与发展。博物馆，作为历史的见证，不仅守护着人类过去的辉煌，更是启迪未来的灯塔。

每一座博物馆都是一个独立且丰富的“文化宇宙”。它们不只是静默的艺术品和历史进程的展示空间，更是人类在历史长河中不断探索、理解和创造的见证。这些知识的殿堂，作为文化传承与对话的桥梁，使我们得以与远古的智者沟通，感受历史的脉动。

柏林博物馆岛位于德国首都柏林市中心的施普雷河上，是一个由5座著名博物馆组成的综合体，它们分别是：柏林老博物馆、柏林新博物馆、老国家美术馆、博德博物馆和佩加蒙博物馆。每座博物馆都以其独特的建筑风格和珍贵的藏品而闻名。博物馆岛不仅是柏林的文化心脏，也是全球最重要的博物馆群之一。

老博物馆，作为博物馆岛上的第一座博物馆，展示了古代的艺术品和文物，其优雅的新古典主义建筑本身就是一件艺术品。新博物馆则以其对古埃及文化的深入展示而著名，其中包括世界著名的纳芙蒂蒂半身像。佩加蒙博物馆，尤其以其壮观的古代建筑复原展品而知名，如巴比伦的伊什塔尔门和佩加蒙祭坛。博德博物馆收藏了一系列雕塑、工艺品和拜占庭艺术品。而老国家美术馆则展示了19世纪的艺术品，尤其是德国浪漫主义和印象派画作。

博物馆岛不仅仅是历史的见证者，也是艺术和科学的交汇点。它的建立和发展反映了柏林乃至整个德国在不同历史时期的文化和政治变迁。每一座博物馆都是独特的文化符号，它们共同构成了一个综合的文化和教育平台，向世界展示了人类文化遗产的多样性和丰富性。

目录 Contents

MUSEUM
OVERVIEW
博物馆概况

柏林博物馆岛位于柏林的市中心，是由5座博物馆组成的博物馆群，也是欧洲最重要的文化遗址之一。1999年，柏林博物馆岛被联合国教科文组织列为世界文化遗产，成为柏林城市的标志，是想象化为实体的最好例证。

位置与规模

柏林博物馆岛坐落于德国柏林市中心的施普雷岛北部，施普雷河从两侧流过，柏林博物馆岛占地面积达到8.6万平方米，在很长一段时间内都由5座主要的博物馆组成：柏林老博物馆、柏林新博物馆、老国家美术馆、博德博物馆和佩加蒙博物馆。

博物馆岛建筑布局考虑到了方向和空间的整合，各个博物馆相互联系，形成一个向公众展示的文化和艺术空间。岛的最南端紧邻宫殿大桥和柏林大教堂，是柏林老博物馆的所在地，而北端则是新博物馆和老国家美术馆。博德博物馆和佩加蒙博物馆分别面向北和西，形成独特的视角和访问路径。

近年来，柏林博物馆岛根据总体规划进行了重建和扩建，新增了詹姆斯·西蒙画廊——它将作为整个博物馆岛的总入口，进一步加强岛上博物馆群的统一性和协调性。此外，考古中心的开放和洪堡论坛的建设也为博物馆岛带来了新的发展机遇，扩大了其文化和教育的功能。现如今，柏林博物馆岛不仅是城市历史和文化遗产的象征，也是柏林乃至欧洲重要的文化和艺术中心。

发展历程

柏林博物馆岛建于1824年至1930年间，博物馆计划始于普鲁士国王腓特烈·威廉三世。1830年，首座博物馆建成，19世纪70年代末正式命名。柏林博物馆岛展示了20世纪博物馆设计的演变，是欧洲重要的文化遗产之一

早期历史

在19世纪初，德国资产阶级倡导将艺术开放给公众，受当时的普鲁士国王弗里德里希·威廉三世支持，辛克尔规划了柏林博物馆岛的国王博物馆。辛克尔的选址位于卢斯特花园，与前皇家住所柏林宫相对。1830年，这座博物馆终于落成，成为柏林博物馆岛诞生的象征，而与此同时，辛克尔还翻修了柏林大教堂，形成了和谐的建筑群。

这一举措既代表了德国资产阶级对文化开放和公众教育的追求，也标志着柏林博物馆岛早期历史的开端。

中期发展

19世纪中期至20世纪初，柏林博物馆岛迎来了新的发展。由于老博物馆的面积无法容纳更多的藏品，1855年，柏林博物馆岛建成了新博物馆。缪斯神庙式建筑的老国家美术馆，则在1876年开馆。1904年，新建成的博德博物馆成为博物馆岛的新地标。1930年，佩加蒙博物馆落成。这一时期的种种拓展变化，标志着柏林博物馆岛进一步成为世界级的艺术和文化中心。

近现代的进程

柏林博物馆岛在19世纪末正式命名，标志着普鲁士王国打造世界一流博物馆区的决心。“二战”后，70%以上的建筑被毁，收藏品分散在东、西柏林，直到两德统一后，博物馆才开始重新收集分散各地的藏品。2019年，詹姆斯·西蒙画廊开业，并同时作为游客进入柏林博物馆岛的中央入口，标志着柏林博物馆岛的现代化，后又开放了洪堡论坛。

如今，柏林博物馆岛依然焕发着现代魅力，成为文化遗产的重要保护和展示地。

柏林博物馆岛由五座世界顶级博物馆组成，收藏了欧洲艺术和近东艺术等诸多艺术作品。馆藏珍品包括史前历史文物、古希腊罗马文物、19世纪雕塑绘画、古代钱币、拜占庭艺术品、埃及文物和伊斯兰艺术品等，涵盖了多个领域。

博德博物馆

博德博物馆主要收藏着雕塑、拜占庭艺术品、硬币和奖章。展品根据地域和时间顺序陈列，一楼展示北欧和南欧的拜占庭和哥特式艺术品，二楼则是文艺复兴和巴洛克艺术品。雕塑部分包括基督教艺术品、拜占庭和拉文纳雕塑、意大利哥特式和文艺复兴早期作品，以及德国晚期哥特式和巴洛克艺术品。这些藏品展示了欧洲艺术的丰富历史，并以其全面性和深度而备受赞誉。博德博物馆是世界上最大的钱币收藏博物馆之一。

佩加蒙博物馆

佩加蒙博物馆以其丰富多样的文物收藏而闻名，展示着古希腊、罗马、波斯的丰富文物珍品，藏品涵盖希腊化时代及之前的雕塑、建筑、铭文、马赛克、青铜器、珠宝、陶器等。博物馆还以复原古代遗址和展示古代文物为特色。

柏林老博物馆

柏林老博物馆以其丰富的古典文物收藏而闻名。展品包括从古代传说中的英雄时代到古希腊、古风时代的雕像、浮雕、陶器、武器、钱币、金银首饰等。展览主题涵盖古希腊艺术、宗教题材、城市生活用品、手工艺品等。此外，还展示了早期伊特鲁里亚人的文物，以及罗马帝国时期的青铜器、银器、马赛克等。展览不仅展示了罗马艺术，还涵盖了罗马人的日常生活和伊特鲁里亚人的丧葬文化。

柏林新博物馆

柏林新博物馆收藏多样，包括石膏模型、古埃及文物、史前和早期历史文物、民族志藏品以及版画和绘画。作为柏林博物馆岛的第二个博物馆，它收藏了柏林老博物馆无法容纳的藏品。其中的文物包括来自埃及史前时期和早期历史的珍品，如埃及王后纳芙蒂蒂的半身像等。

老国家美术馆

老国家美术馆是德国拥有最多的19世纪雕塑和绘画收藏的博物馆之一，展示从法国大革命到第一次世界大战的艺术作品，涵盖了古典主义、浪漫主义、毕德迈雅风格、印象派和早期现代主义等艺术风格。其中重要的展品包括弗里德里希的《海边的僧侣》、阿道夫·冯·门采尔的《轧钢工厂》等。

除了这5座博物馆，岛上还有展示民族学收藏和亚洲艺术文物的洪堡论坛，以及一座作为柏林博物馆岛入口的詹姆斯·西蒙画廊，但画廊并不是专门展览藏品的场所，而是柏林博物馆岛的入口建筑及游客中心，具备引导游客参观、休闲的功能。作为博物馆综合体的重要基础设施，画廊不仅缓解了历史展览场馆的压力，同时也为柏林博物馆岛增添了现代气息。

展览设置

柏林博物馆岛的展览多样且丰富，展示了从石器时代到19世纪的历史、文化和艺术，突出了各大洲文化的多样性和相互之间的交流性，为游客提供了一次跨越不同历史时期和文化主题的综合性文化之旅。

◆永久展览

柏林博物馆岛的文物按照文化种类与艺术类别，分别收藏于各个博物馆中，每个博物馆都有自己引以为傲的特色收藏品，如以拥有古代建筑遗址而闻名的佩加蒙博物馆。

①埃及博物馆和纸莎草收藏：该展区位于新博物馆，展览涵盖古埃及文化四千年的延续和变迁，包括古王国陵墓建筑和浮雕艺术的重建，以及对死亡、众神、皇室和日常生活的阐释。同时展示了埃及学的学术史和纸莎草收藏，涵盖古埃及多个时期的写作文化，并结合雕塑展示，使参观者更好地了解古埃及人的生活和样貌。

②古代建筑展区：该展区位于佩加蒙博物馆，是世界上最大的古代建筑收藏馆之一，展出了公元1世纪到公元3世纪的罗马帝国纪念碑等。其中包括米利都市场大门、来自意大利和叙利亚的各种建筑构件、马赛克和雕塑。这些建筑作品是在皇家博物馆发掘过程中被发现的，后通过官方分配给柏林博物馆岛。

③民族学和亚洲艺术展区：该展区在岛上柏林宫的洪堡论坛。洪堡论坛在1.6万平方米的空间内展示了民族学和亚洲艺术品的丰富收藏，包括来自非洲、美洲、亚洲、大洋洲的文物。从青铜器到面具、雕塑到石碑，展品跨越时代和大洲，呈现了各种文化的多样性和独特性。

④史前史和早期历史展区：该展区位于新博物馆，分三层楼展示相关的文物藏品。一楼展示了博物馆的历史，以及海因里希·施利曼的特洛伊古物，还展出了莱茵河和纽波茨的宝藏等珍贵文物。二楼以“罗马行省”为主题，展示了来自埃及城市利科波利斯的巨大神像等。而三楼则通过文物探讨罗马与日耳曼人之间的关系，以及公元4世纪到公元9世纪的历史变迁。

⑤19世纪艺术展区：该展区位于老国家美术馆，囊括了古典主义、浪漫主义、印象派和分离派等风格。一楼展示阿道夫·冯·门采尔和分离派的作品，以及雕塑家的杰作；二楼呈现印象派名家的作品；三楼则聚焦歌德时代艺术作品；顶层展出浪漫主义艺术珍品。整个展览呈现了19世纪艺术的多样性与发展。

◆ 临时展览

柏林博物馆岛展览策划涵盖多个主题，其中包括博德博物馆的“晚期古董和拜占庭艺术”展览，以及“13世纪—18世纪雕塑和绘画”展览。“‘拜占庭艺术’展览展示了西罗马和拜占庭帝国艺术的独特之处，包括来自地中海世界各地的收藏品。“13世纪—18世纪雕塑和绘画”展览则呈现了从中世纪到18世纪末的古代雕塑和绘画作品，涵盖主要的德语国家及法国、荷兰、意大利和西班牙的艺术品。

展览中还包括独特的私人收藏品，展示了17世纪和18世纪的艺术家的作品，如象牙雕塑和镀金银质雕塑。这些展览共同呈现了欧洲文化的多样性和丰富性，展示了历史上不同时期和地区的艺术和文化发展。

博物馆岛展览分布图

佩加蒙博物馆

1 米利都市场大门

2 伊什塔尔门

3 佩加蒙祭坛

4 阿勒颇厅

5 阿罕布拉圆顶

6 祈祷壁龛

老国家美术馆

7 轧钢工厂

新博物馆

8 塞赫麦特女神坐像

9 纳芙蒂蒂半身像

10 柏林金帽子

老博物馆

11 酒神拱廊石棺

12 尼罗河马赛克场景

13 半人马马赛克

14 祈祷的男孩

15 柏林女神

16 法尤姆木乃伊肖像

17 重装步兵青铜雕塑

18 维特斯菲尔德鱼

19 学校课程饮酒碗

20 阿普利亚蜗壳式陶瓶

柏林画廊

21 丘比特的胜利

（位于波茨坦广场以西的文化论坛博物馆区）

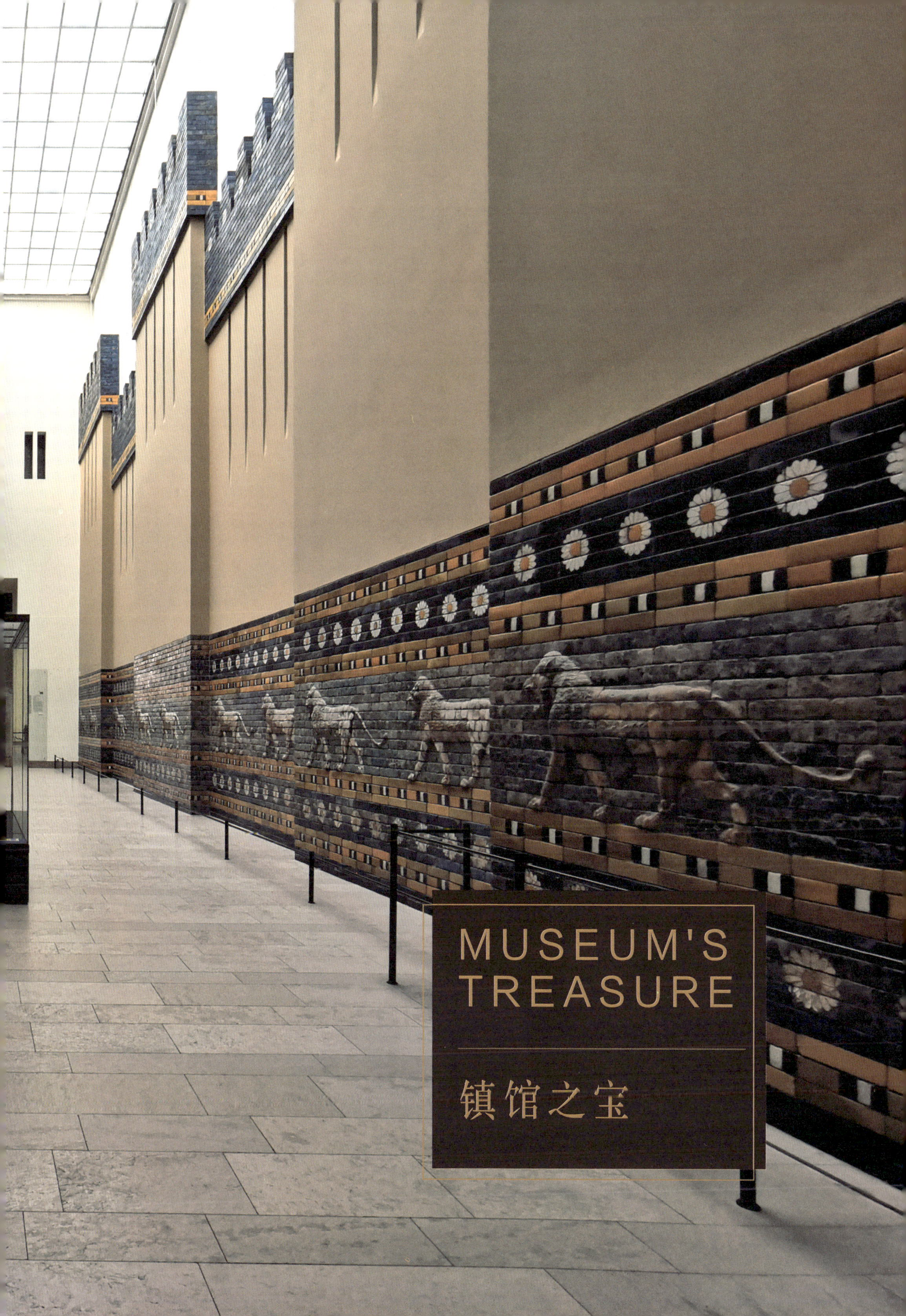
MUSEUM'S
TREASURE
镇馆之宝

纳芙蒂蒂半身像

古埃及最广为人知的艺术品

创作年代：约公元前 1351 年 — 公元前 1334 年
类型：雕像
尺寸：高 49 厘米；宽 24.5 厘米；深 35 厘米
来源地：古埃及阿玛纳遗址

绘制纳芙蒂蒂半身像的颜料，使用了古埃及天然的矿物颜料和人工制造的埃及蓝。化学分析显示，其上的蓝色来自氧化铜玻砂，肤色来自氧化铁与极细石灰岩，黄色来自雌黄，绿色则来自添加了铜与氧化铁的玻砂，黑色来自煤与蜡，白色则来自白垩。这些色彩赋予了半身像极致逼真的质感。

纳芙蒂蒂半身像所刻画的人物，乃是阿肯那顿法老的王后纳芙蒂蒂本人。这尊半身像广为流传，其栩栩如生，雕刻精美，堪称举世无双，与图坦卡蒙的面具齐名，被视为古代艺术中最负盛名的作品之一。

纳芙蒂蒂所戴的蓝色头冠，在如今已经普遍用她的名字来命名——“纳芙蒂蒂帽冠”。冠上有一条代表王权的装饰带，在前方的正中，原本还应该装饰有一条眼镜蛇，但这条蛇如今已然损坏了。

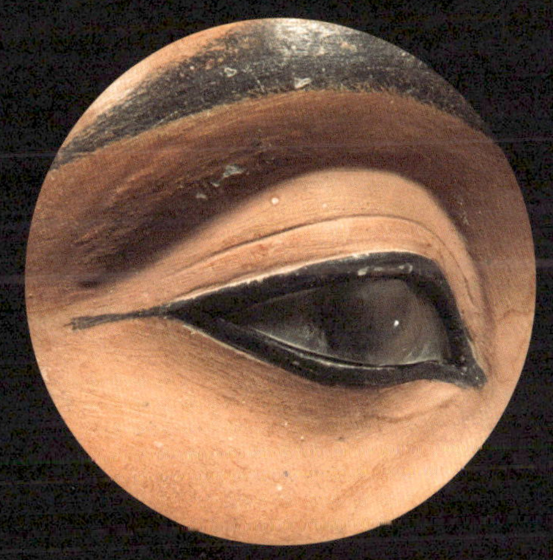

纳芙蒂蒂半身像右眼瞳孔并非全是彩绘，实际上是她的角膜，就是工匠们用抛光水晶制作的。然而可惜的是，位于左眼的镶嵌物已然丢失，至今也未找到。

2006年，柏林博物馆对纳芙蒂蒂半身像进行了一次扫描，扫描结果发现了一些细节的加工，包括皱纹、眼袋和鼻部肿块。虽然工匠为了追求理想的完美容貌，用石膏和灰泥层对它们进行了遮掩，但这些痕迹也显示了工匠曾经进行过的写实尝试。

文物小知识

神秘的王后：纳芙蒂蒂

美人已然来临——这是在古埃及语中，纳芙蒂蒂名字的寓意。这位阿肯那顿法老的王后，是古埃及历史上最著名的女性之一，她广受人民膜拜，却又突然销声匿迹，关于她的一切，始终笼罩着一层迷雾。

身份与婚姻

纳芙蒂蒂的出身本身便充满谜团。但埃及学界普遍认为，纳芙蒂蒂出身自埃及社会中的高层。在现存的史料中，关于纳芙蒂蒂的史实记录少之又少，因此人们只能根据当时王室成员普遍的结婚年龄，以及阿肯那顿法老加冕时的岁数，推测两人的婚姻时间，并大致将她当时的年龄范围划定在12岁至16岁之间。

摄政与改革

纳芙蒂蒂与阿肯那顿法老两人，携手推动了埃及历史上空前的政治和宗教改革。

当时的祭司们权势过大，已然对王权构成了威胁，纳芙蒂蒂与阿肯那顿法老为了应对这一危机，他们创建了太阳教，尊崇新的太阳神阿顿，借此削弱大祭司的权力，并迁都阿玛纳，稳固了王权。自此以后，纳芙蒂蒂与阿肯那顿法老共同统治，她甚至能够拥有与法老同等的权力和地位。

阿肯那顿的家庭祭坛画　柏林新博物馆藏

在柏林新博物馆馆藏文物《阿肯那顿的家庭祭坛画》中，便隐藏着能够佐证两人地位相同的线索。在祭坛画上，纳芙蒂蒂与阿肯那顿的比例相同，名字也与阿肯那顿和阿顿神并列。甚至她所坐的椅子上也暗藏玄机——它的装饰寓意着“两地统一”，这种统一的象征，通常独属于在位的君主，其用意不言自明。

去向与结局

在阿肯那顿法老的儿子图坦卡蒙继位后，任何有关纳芙蒂蒂的记录与事物都受到了系统性的抹除，这就使得她的结局、死亡日期、死亡原因甚至墓葬所在地至今未知。

关于她的去向与结局，充满了各式各样的假说。有部分学者认为，纳芙蒂蒂有可能因失宠或无法诞育男性继承人而被逐出王宫。也有说法认为，她很可能在丈夫阿肯那顿去世后幸存下来，并在他去世后继续在埃及政坛扮演重要角色，成为摄政王甚至是法老，拥有单独的墓葬——然而，在整个帝王谷里，都没有关于纳芙蒂蒂墓葬的任何线索。

埃及纳芙蒂蒂王后邮票　1959年

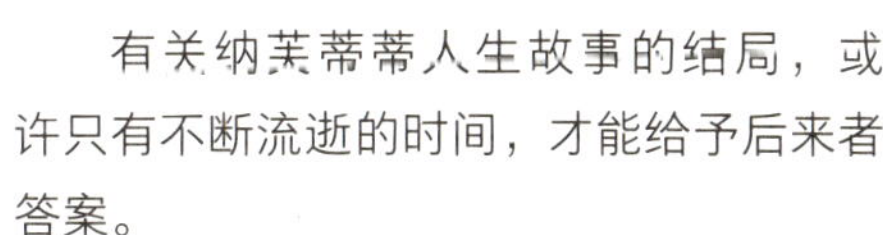
有关纳芙蒂蒂人生故事的结局，或许只有不断流逝的时间，才能给予后来者答案。

阿肯那顿法老半身像

小提示

1912年12月6日，在古埃及阿玛纳遗址，人们除了发现纳芙蒂蒂半身像，还一同发现了与之对应的阿肯那顿法老半身像。令人遗憾的是，虽然这尊半身像的胸部、手臂、脖子和假发等部分被保存完好，但脸部已经严重受损。即便是如今我们看到的半身像，也只有额头、嘴唇的部分经过了博物馆研究人员的修复。尽管它的完整度远比不上纳芙蒂蒂半身像，但残存的彩绘、镀金的艺术细节，仍然展现出了古埃及雕塑的精湛工艺。

米利都市场大门

世界上最大的古代建筑收藏之一

创作年代：
约公元 100 年
类型：建筑
尺寸：
高 16.68 米；
宽 28.92 米
（博物馆重建）
来源地：
米利都古城，在今土耳其

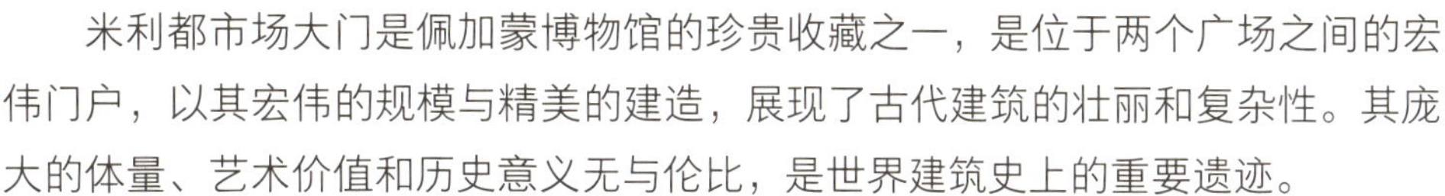

米利都市场大门是佩加蒙博物馆的珍贵收藏之一，是位于两个广场之间的宏伟门户，以其宏伟的规模与精美的建造，展现了古代建筑的壮丽和复杂性。其庞大的体量、艺术价值和历史意义无与伦比，是世界建筑史上的重要遗迹。

大理石是米利都市场大门的主要材料。这种材质半透明和光反射的特性极受欢迎，尽管开采困难、运输费用昂贵，但当时的人们仍然对其趋之若骛。古罗马建筑的大理石美学影响了整个西方世界的建筑史，并得到了广泛应用。

米利都市场大门的上层，采用了极具装饰艺术效果的科林斯柱式。这种柱式源自古希腊，于公元前5世纪被建筑师卡利漫裘斯所发明，由于这种柱式诞生在科林斯，因此得名。

科林斯柱式是爱奥尼亚柱式的变体，整体比例更为纤细，柱头装饰以莨苕叶纹为主，夹杂卷须的花蕾，形似盛满花草的花篮，看起来十分豪华富丽。

其独特的装饰效果，能够适应各种观赏角度，可以从任何方向欣赏，因此在希腊化时期和罗马时期备受欢迎，成为古典建筑中的重要柱式之一。

壁龛位于米利都市场大门的建筑上层，原来放置的可能是皇帝的雕像、描绘皇帝与蛮族作战的情景，在起到装饰作用的同时，也同样达到了展示皇帝形象，展现军事实力和宣扬统治权威的效果，进一步体现了古代城市建筑中所蕴含的政治宣传和文化意义。

文物小知识

建筑的历程：兴建、毁坏与重构

米利都市场大门自建成后，在漫长的岁月里历经了数次损毁与再造，堪称命途多舛。时至今日，即使它在柏林博物馆岛中再度矗立，参观者们也只能从复原的部分中，隐约窥见往日的辉煌了。

大门的原址

米利都市场大门的原址，位于米利都古城。公元前5世纪，米利都的城市布局开始以方格网道路系统为骨架，并最终成为希波丹姆城市规划模式中秩序与美最完整的体现。在柏林博物馆岛制作的米利都古城比例模型中，市场大门位于中心右侧，依稀可见当时的城市规模与繁华情景。

1925年重建中的米利都市场大门　佩加蒙博物馆藏

兴建与塌毁

公元2世纪，在哈德良皇帝统治期间，米利都当地最大的南部市场北入口——米利都市场大门修建落成。但不幸的是，地震使得市场大门受损。虽然其在3世纪时进行过修复，但在10世纪至11世纪，又一场地震使得大门彻底倒塌，部分构件被再利用到其他建筑上，埋于地下的主结构就此不全。

发掘与重构

1899年到1911年，德国考古学家特奥多尔·维甘德在米利都进行了一系列考察发掘，并在此发现了米利都市场大门的结构碎片。这些碎片在1907年至1908年被运送到柏林，当时的德意志皇帝威廉二世对此印象十分深刻，并下令在佩加蒙博物馆中全面重建米利都市场大门。由于构件不全，在重建过程中，工作人员使用了大量的现代技术与材料，因此引起了公众对于其还原构造的质疑，以及对建筑手段的批评。

米利都古城遗址俯瞰

米利都古城遗址

小提示

米利都是古希腊城邦之一，地理位置位于安纳托利亚西海岸线上，靠近米安得尔河口，而其历史起源可追溯至公元前1500年左右，在当时，迁入的克里特人取代了当地的原住民雷利吉斯人，此地也从此被以克里特岛上的地区命名为“米利都”。

此后，米利都成为古希腊世界的工商业、文化与哲学之都，在历经战争与浩劫后，在公元前2世纪并入了罗马帝国。

经过修复的米利都市场大门

战火与修复

“二战”时期，米利都市场大门在柏林大轰炸中遭到了严重破坏，博物馆在1952年至1954年对其进行了大规模修复。但在21世纪初期，大门保存状况恶化，馆方因此采用了记录结构状态、制作3D模型等一系列修复手段，最终于2008年底完成了修复。

米利都压花金币　柏林老博物馆藏

伊什塔尔门

精美绝伦的世界奇迹

创作年代：约公元前 575 年

类型：建筑

尺寸：展出部分高 14.75 米；宽 26.41 米；厚 4.38 米

来源地：古巴比伦，今伊拉克巴比伦省

伊什塔尔门是古巴比伦内城的城门之一，由尼布甲尼撒二世下令修建，以其精美的青砖构造和浮雕雕刻而闻名，其制作之精良堪称精美绝伦，更曾被认为是古代世界七大奇迹之一，在文化和艺术上具有重要地位。

伊什塔尔门原址想象图

伊什塔尔门是古巴比伦内城的主要入口之一，也是整个建筑群的亮点和主要防御堡垒。

它融入了双环城墙的体系中，为城墙提供了充足的保护。

不仅如此，城门内还设有警卫的房间及独立的蓄水池，可以由此想象它的威严与周密。

可惜由于伊什塔尔门的规模过于宏伟，在博物馆的空间内无法完全复原展出，因此展馆只展示了较小的前门，未修复的后门则仍保存在仓库中。

伊什塔尔门上采用了琉璃砖技术，并通过黏土塑形、涂抹釉彩、烧制等工序，最终形成色彩饱满、生动的浮雕装饰于城门表面。古巴比伦人在制作浮雕时，会预先分片，然后再贴合拼装，整体轮廓清晰，装饰性强，即使重新组装仍令人印象深刻。

伊什塔尔门大量采用了琉璃砖的技术进行贴面，使得城门呈现出色彩辉煌、华丽夺目的装饰效果。

这些墙面镶嵌着华丽的浮雕，题材多为动物、植物等，墙体底色为深蓝，而浮雕则通常为白色、棕色和金黄色，墙体与浮雕颜色形成鲜明的对比，整体非常华丽。

文物小知识

神话与图腾：大门装饰的秘密

伊什塔尔门是巴比伦城中唯一一座用鲜艳青砖砌筑，并饰有怒蛇、狮子和原牛等浮雕图案的城门。每个动物都蕴含着独特的隐藏含义，展现着巴比伦文化的丰富内涵。

怒蛇

怒蛇的形象是由多种动物组合而成的幻想生物，它有蛇的身躯、狮子的前足、鹰的爪，头生角、有冠，舌分叉，颈修长，又有蝎子的尾针。

在巴比伦神话中，怒蛇是混沌母神迪亚马特所创造的怪物之一，也是希腊神话中九头蛇许德拉的原型。

伊什塔尔门的原牛浮雕

原牛

原牛是一种真实存在过的动物，但如今已经灭绝。在石器时代的洞穴壁画中，原牛是重要的猎物。同时，原牛也象征着古巴比伦的风暴之神阿达德，阿达德掌管着雷和闪电，能够降雨，为土地带来生机，为人们带来丰收。

狮子

在古巴比伦，狮子图案象征着力量与权力，同时也代表着古巴比伦的统治者及广受尊重的女神伊什塔尔。这位象征着爱情和战争的女神伊什塔尔，也是伊什塔尔门名字的由来，因此大门周围的墙上装饰了大量的狮子浮雕。

伊什塔尔门的狮子浮雕

花卉

伊什塔尔除了司掌爱情与战争，也是古巴比伦的自然与丰收女神，城门上与狮子相伴的花卉也强调了这一属性。

小提示

伊什塔尔是古巴比伦和亚述的主要女神，司掌看众多事物，同时也被视为金星的象征、月亮的女儿与所有生命的母亲，其形象常与狮子一同出现。在大都会艺术博物馆馆藏的圆筒印章中，可以观察到交叉的箭袋、星形王冠以及环绕她身体的星星，也是伊什塔尔形象的代表。

刻有伊什塔尔图像的圆柱印章　大都会艺术博物馆藏

MUSEUM COLLECTION TREASURES

馆藏珍品

佩加蒙祭坛

恢宏的希腊艺术珍品

创作年代： 约公元前 170 年 — 公元前 160 年

类型： 建筑

尺寸： 长 34.2 米；宽 36.8 米

来源地： 佩加蒙古城，现今土耳其的贝尔加马地区

佩加蒙祭坛是为献给宙斯与雅典娜而建，旨在展示王朝的权力与繁荣。王朝通过建筑和艺术，强调自身的文化和政治地位，祭坛的设计内容也蕴含着宇宙间善与恶的斗争，体现出了更深层的哲学意义。

1881年出版的《佩加蒙祭坛》

佩加蒙祭坛的浮雕主要展示了富有传奇色彩的众神与巨人之战，其细节丰富，场景独特，涵盖了海神、雅典娜、狄俄尼索斯等希腊神话中的多位主要神明和其他神话生物。

文物放大镜

佩加蒙祭坛是希腊文化中现存最重要的艺术品之一，以其宏伟的规模和细腻的浮雕著称。遗迹于1878年发掘后，被转移到柏林，成为佩加蒙博物馆的核心展品，以及研究古希腊神话和艺术的宝贵资源。

佩加蒙祭坛由五组台阶、一个底座、三处雕刻着精美浮雕的楣板和一个柱廊大厅组成，其中建筑的柱子以爱奥尼亚柱式为主，真正的祭坛实际应当位于建筑物的内院。

小提示

佩加蒙古城位于爱琴海地区，是公元前3世纪阿塔力德王朝的首都，在历史上曾是重要的文化、政治和学术中心。这座城市位于欧洲和中东的交汇处，以其独特而综合的文明美学成就而闻名，其中城内的建筑融合了古希腊、古罗马、拜占庭和奥斯曼帝国的元素，为世人展示了辉煌的历史，是极为重要的世界文化遗产。

佩加蒙古城遗址

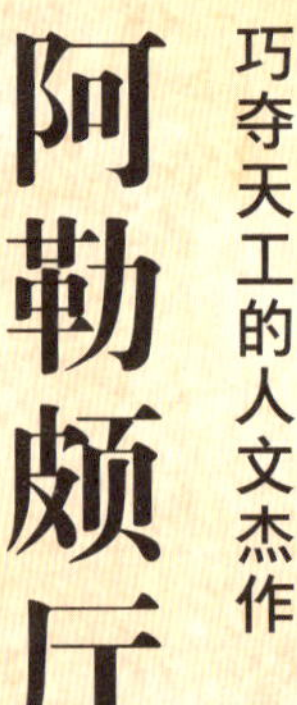

阿勒颇厅

巧夺天工的人文杰作

阿勒颇厅采用了多种木材制作，其中雪松木用于镶板和填充物，胡桃木制作门框和型材，黄杨木用于几何填充。这些木材经过精心挑选和风干，表面抛光精细，以确保在实用的同时兼顾美观。

阿勒颇厅采用蛋彩画技术结合蜡质画技术进行装饰，使用石膏、白铅、朱砂和蛋白质黏合介质制成底面并绘制，再贴上金箔并涂上油和清漆，以追求精细华丽的艺术效果。

创作年代：约 1600 年—1603 年

类型：建筑

尺寸：长 10.98 米；宽 7.45 米；高 2.95 米

来源地：叙利亚阿勒颇

阿勒颇厅的室内装饰原为叙利亚阿勒颇一处接待室的木质墙板，也是柏林博物馆岛拥有的这类墙板中已知最古老且保存完整的。其绘画以人物和场景为主，反映了丰富的城市生活文化和宗教社区间的关系，具有独特的艺术和历史价值。

阿勒颇厅由10个框架和附加面板构成，内设有14扇多功能门及对应的填充物与铭文装饰。这些框架通过斜接榫卯技术组装。

阿勒颇厅的图案多样，有东西方的故事情节，也有花枝蔓草和动物等充满阿拉伯风情的经典花纹。

阿勒颇是叙利亚北部的历史古城，是历史上地中海至小亚细亚、波斯等地的重要商路交汇点，也是中东最大的商业中心之一。它的历史悠久，丰富的文化遗产包括被联合国教科文组织列为世界文化遗产的阿勒颇古城，见证了其在商业、军事和文化上的重要性。

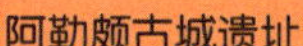
阿勒颇古城遗址

文物小知识

兼容并蓄：文明的精彩集锦

在16世纪和17世纪，阿勒颇作为叙利亚重要的贸易城镇，该区域的许多当地人会协助外国商人进行贸易，这也使得当地的文化交流十分频繁，而这段历史也以绘画的形式，留存在了阿勒颇厅中。

最后的晚餐

西方文明

阿勒颇厅绘画图案融合了基督教的元素，呈现出了西方文明的碰撞与融合。画作中，耶稣与门徒围坐就餐，正是《最后的晚餐》中的场景。不仅如此，作品中还有圣母玛利亚与圣婴耶稣等西方信仰中的形象。

这些画作生动诠释着不同宗教信仰之间的和谐共存，同时也体现了这座阿勒颇厅曾经的主人的个人信仰和跨文化背景。这种多元化的艺术作品，在当时的叙利亚阿勒颇古城也可称为是独一无二的。

东方文明

在阿勒颇厅图案中，有关于中国古代神话生物的精美描绘，其中包括象征幸福、和平与繁荣的龙、凤凰和麒麟。凤凰是神话中的鸟类神兽，其五彩斑斓的羽毛和身上的“德”“义”“礼”“仁”“信”花纹，展示了中国文化中的核心价值观。麒麟也是传说中的瑞兽，以其羊头、狼蹄、彩色身体和龙鳞，象征着吉祥。在镶板上，这些图案的对称分布和色彩构成，在阿勒颇厅中营造了一种独特的艺术氛围，既反映了叙利亚贸易城镇阿勒颇对多元文化的包容与尊重，也展现了东方文明的神秘魅力，具有深远影响。

凤凰

风土人情

除了来自西方与东方文明的图案，阿勒颇厅的绘画还展示了当地的风土人情与社区景象——这些彩绘的木镶板本属于叙利亚阿勒颇阿尔杰戴德社区，该社区以蜿蜒的小巷、华丽的豪宅和教堂而闻名。

据说该地区始终弥漫着令人心情愉悦的花香，此地爱香、用香的景象正与面板所绘“妇女给孩子喷玫瑰水”的图像不谋而合。

而在其他板面的绘画中，还有反映社区邻里生活、宫廷生活、狩猎场景、宗教活动等不同的写实场景，在这些图像里，对不同人物的穿着打扮、日常用具的刻画，都能够为研究当地人们的装饰、生活起居、阶层等级等方方面面提供珍贵的写实资料，具有重要的参考价值，充分展现了阿勒颇社区文化融合、充满经济活力、社会和谐的历史图景。

妇女给孩子喷玫瑰水

麒麟

天人伎乐

阿罕布拉圆顶

14 世纪杰出的建筑代表

创作年代：
约 1320 年
类型： 建筑
尺寸： 高 1.9 米；
宽 3.55 米；
深 3.55 米
来源地：
西班牙格拉纳达

阿罕布拉圆顶原本位于阿罕布拉宫，是14世纪杰出的建筑代表，以精细雕刻、彩绘镀金和独特的星形木制屋顶构成，旨在体现纳斯里德统治者的奢华与财富，不仅展示了当时工艺的高度成就，也具有深邃的艺术价值和文化地位。

阿罕布拉圆顶上的图案，以星星与几何形为主，这些图案不仅是视觉上的装饰，也象征着秩序和能量，是典型的阿拉伯花纹。阿拉伯花纹繁复精美，有着对几何图形的深刻理解与应用，同时也精妙地将阿拉伯文融合进图案中，通过图文结合的艺术化表达，展现独特的文化身份和信仰。

阿罕布拉圆顶上主要有杉木和杨木两种材质，杉木具有抗腐蚀、抗压、不易变形的特性，尤其在厅堂、亭台楼阁中常见。杨木是速生树种，具有轻质均匀的纹理，适用于地板、墙壁、屋顶等结构构件。

小提示

阿罕布拉宫，又称红宫，是中世纪摩尔人在西班牙格拉纳达建造的豪华宫殿，宫殿以其红色石墙、精美院落和狮子喷泉闻名。其中观景塔提供了俯瞰达罗山谷和宫殿全景的绝佳视角，展示了摩尔式建筑的富丽精致。

阿罕布拉宫观景塔

文物小知识

精妙绝伦：伊斯兰建筑风格与特色

伊斯兰建筑是伊斯兰艺术的重要组成部分和主要表现形式之一，整体风格独特鲜明，可称奇想纵横，庄重且富有变化，雄健中不失雅致，在世界建筑史中也占有重要地位。

谢赫扎耶德大清真寺伊万建筑

阿罕布拉宫狮庭

主体构造

伊斯兰建筑的主要构造包括伊万、庭院和花园三部分。其中伊万起源于波斯萨珊王朝，是一种三面墙体、一面开放的圆顶大厅。伊万被引入伊斯兰建筑中，成为其基本元素，常见于公共建筑和住宅，一般都面向着中央庭院。庭院则是洗礼和帮助住宅夏季降温的重要空间，设计时四周一般环绕房间或拱廊，中央设有天井。花园则在伊斯兰文化中象征天堂，体现了建筑者对美学和环境的重视。

伊斯法罕国王清真寺穆卡纳斯

穆喀纳斯

穆喀纳斯，又称蜂窝拱顶或钟乳石拱顶，是伊斯兰建筑中用于装饰拱顶的一种结构。这种结构在装饰性和结构性上创造了从墙面到圆顶的平滑过渡区域，广泛应用于圆顶、飞檐、拱门底面等地方。穆喀纳斯以其错综复杂的蜂窝状结构著称，不仅具有装饰价值，而且在某些情况下还有功能性作用，体现了伊斯兰建筑的独特美学和技术成就。

马蹄形拱门

马蹄形拱门，亦称摩尔拱门或钥匙孔拱门，是摩尔式建筑的标志性元素，也是伊斯兰建筑风格的体现。其起源于前伊斯兰的萨珊王朝，后广泛应用于伊斯兰建筑，特别是摩尔式建筑中。这种拱门的特点是其圆曲线在水平直径线以下延伸，使得拱底部的开口比全跨窄，形成独特的马蹄形状。马蹄形拱门广泛应用于哥特式、伊斯帕诺-摩尔式及前罗马式建筑中，后来成为伊斯兰及摩尔式建筑的象征。

柏林博物馆藏的双拱形雕花窗便完整展示了马蹄形拱门的装饰美学，通过精细的雕花、植物和编织装饰品，以及中央细长柱子和阶梯式柱头的设计，反映了其深远的文化和历史价值。

双拱形雕花窗　柏林博物馆岛藏

突尼斯街道上的马什拉比亚

马什拉比亚

马什拉比亚是伊斯兰传统建筑元素，特征为凸出的窗台，上面环绕着雕刻的木格子，常用于通风、降温、保护隐私和控制光线。马什拉比亚起源于12世纪的阿拔斯王朝时期的巴格达，在奥斯曼帝国时最为繁荣。它们通常位于建筑的高层，朝向街道或内部庭院，装饰设计上从简单的几何形状到复杂的图案不等，并通过悬臂式结构增加室内空间面积，使得居住者可以在保持隐私的同时观察外部。

祈祷壁龛

瓷砖艺术品的典范

创作年代： 13 世纪

类型： 建筑

尺寸： 高 2.8 米；宽 1.8 米

来源地： 伊朗卡尚

祈祷壁龛是一件源自中世纪伊朗的伊斯兰艺术杰作，拥有相当精湛的镶嵌技艺。其顶部刻有《古兰经》文本，铭文的末尾亦有大师哈桑·本·阿拉沙阿的签名，在艺术和文化上有极高价值。

这件祈祷壁龛展示了高级的瓷砖制作技术，由74块刻有模型、上釉彩的瓷砖组成。其设计采用了鲜明的蓝色铭文和图案，并通过两次烧制工艺进行塑造。在这两次烧制中，一次负责上釉，另一次则意在固定光泽的金棕色色调，艺术制作流程极其复杂，效果也很出彩。

与常见的其他壁龛不同，这件祈祷壁龛是扁平型的结构，只有柱子是立体的半雕塑，正对应了中世纪时期伊朗壁龛的特点。与其他文明不同的是，伊斯兰的祈祷壁龛里并没有神像雕塑，而是以文字与绘画替代塑像，这也是祈祷壁龛的特色之一。

在伊斯兰艺术中，白色象征高尚纯洁、身心健康，代表虔诚与纯洁信仰；蓝色象征神秘深邃、爱与宽容，表达一视同仁、平和的精神，也常用于伊斯兰建筑的装饰。因此以蓝白做壁龛的配色，十分适宜。

小提示

米哈拉布是阿拉伯语音译，原本意为“凹壁”，在西方经常被翻译为“壁龛”，是伊斯兰清真寺中必不可少的建筑设施。米哈拉布通常是砖石结构，偶尔也有木制结构，早期的米哈拉布朴实无华，后面则慢慢被装饰得十分华丽，在追求庄严肃穆的同时，也意在营造高雅的艺术氛围。

米哈拉布 大都会艺术博物馆藏

祈祷的男孩

利西波斯学派的雕塑代表

创作年代：约公元前 300 年
类型：雕塑
尺寸：高 1.28 米
来源地：希腊罗德岛

《祈祷的男孩》是一座古希腊青铜雕塑，刻画了一位举起双臂的裸体男孩，属于利西波斯学派。这尊雕塑以其希腊化风格和现实主义特征，成为古典艺术的代表，历经拿破仑等人收藏，现为柏林重要的古物收藏。

15世纪末，《祈祷的男孩》雕像在罗德岛被建造城墙的工人们发现，这座雕塑最初没有胳膊和腿，直到16世纪，左腿才被找到，并重新与头部和躯干结合。在此后，雕塑辗转收藏于多位艺术家之手，经几次维修并更换了脚与脚趾的部件。

在17世纪，路易十四国王的最后一位财政总监尼古拉斯·富凯委托匠人重铸了雕像的手臂，并将修复好的雕塑陈列在自己的城堡中。

1747年，这座雕塑被卖给了德国普鲁士国王腓特烈二世，后被安放在柏林城市宫。拿破仑战争期间，它又被拿破仑移至巴黎展出，而在二战后，它又被短暂留在了圣彼得堡。

在几经波折后，《祈祷的男孩》最终于1958年返回了东柏林。

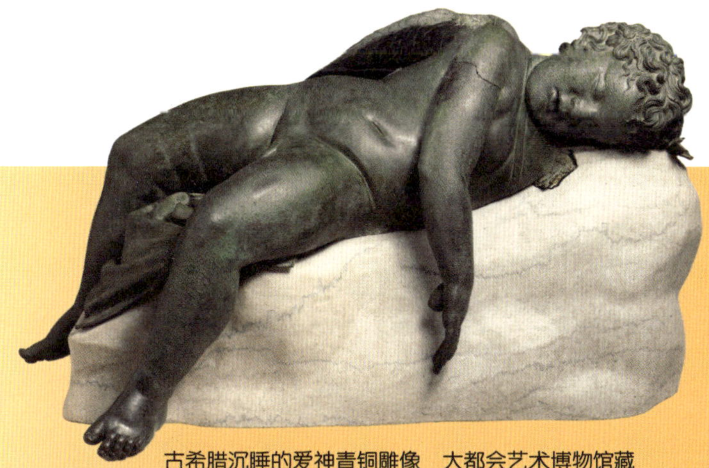

古希腊沉睡的爱神青铜雕像　大都会艺术博物馆藏

古希腊青铜头盔　大都会艺术博物馆藏

小提示

古希腊的青铜器制作历史可追溯至约公元前3000年的青铜时代，这种技艺在公元前8世纪至前3世纪达到巅峰。这些古希腊青铜器以其精湛的制作工艺、细腻的装饰和艺术性的造型著称，古希腊进一步成为著名的青铜器生产和艺术中心。这些青铜器包括各种工具、武器、盔甲和装饰品，种类十分丰富，展现了古希腊青铜器艺术的高度成就和独特的美学价值。

柏林女神

巧夺天工的人文杰作

创作年代：约公元前 570 年

类型：雕像

尺寸：高 192.5 厘米

来源地：古希腊阿提卡地区

《柏林女神》原本是一座古希腊妇女的坟墓雕像，于1923年在希腊阿提卡的凯拉泰亚市被发现，以其保存良好的丰富色彩而闻名于世。这尊雕像代表了当时富裕家庭女性的形象，并突显了其社会地位，是古希腊雕塑艺术的重要例证。

《柏林女神》以扇形波浪的形状编织的头发，精致秀丽，整体站立的姿势十分端庄，而右手中握着的石榴则象征着葬礼，这与她坟墓雕像的用途相契合。她身着贴身的衣裙，披着长方形披肩，佩戴着花蕾状吊坠的项链、耳环和螺旋手镯，进一步强调了她高贵的身份和审美品味。

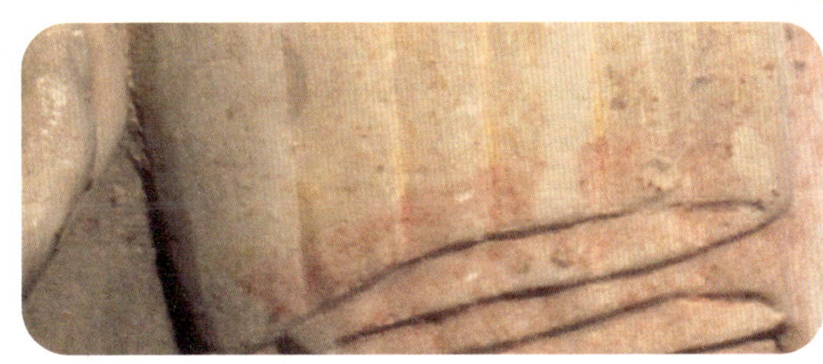

在《柏林女神》身上，保留了显著的多色性，她的头发残存着金发的色彩，服饰上涂有鲜红色和蓝色颜料，这些鲜艳的色彩凸显了她的高社会地位。

这些色彩保存，使得《柏林女神》成为展示古希腊雕塑色彩运用的重要例证，反映了当时雕塑不仅追求形态的美，也注重色彩的饱满度和层次感。

刻有古希腊女子的大理石墓碑
大都会艺术博物馆藏

小提示

古希腊服饰多采用未裁剪的矩形面料，通过披挂、缠绕等方式穿着，展现出了“无形之形”的独特风格。主要款式包括希顿、希玛纯等，在穿着时注意依靠饰针、绳带固定，形成自然的褶裥。这种服装最大化地利用面料特性，强调身体线条与自然垂感，体现简洁、自由、优雅的审美，追求人与自然的和谐，为欧洲传统与近代服饰风格奠定了基础。

塞赫麦特女神坐像

威严的战争女神

在古埃及，狮子象征权威与力量，也是抵御邪恶的神圣守护者，代表太阳每日的重生。狮子凶猛而令人敬畏的形象，也是女神个性的重要表现。

创作年代：古埃及第十八王朝，

公元前 1595 年一公元前 1295 年

类型：雕像

尺寸：高 211 厘米；宽 49 厘米；深 102 厘米

来源地：古埃及卡纳克神庙

文物放大镜

坐像雕刻着狮面女身，头戴太阳盘和乌拉乌斯蛇的塞赫麦特女神形象，是阿蒙霍特普三世统治期间创作的大约600座女神雕像之一，具有重要的艺术和文化地位。

塞赫麦特女神坐像，作为阿蒙霍特普三世大型雕像计划的一部分，旨在通过“石头连祷文”安抚女神，祈求女神给予治愈与和平，保护国王和国家免受疾病和邪恶侵害。

塞赫麦特女神坐像的宝座花纹富含着象征意义，在宝座的两侧，饰有象征上、下埃及团结的标志：莲花代表上埃及，纸莎草则代表下埃及，而围绕的象形文字代表着“团结”。

而在宝座的正面椭圆形皇家旋涡花饰内，两根垂直铭文柱则标明了捐赠者为法老阿蒙霍特普三世，这些花纹展现了法老对女神的崇拜及其统一埃及的政治象征。

刻有塞赫麦特的底比斯阿蒙大祭司青铜板　柏林博物馆岛藏

小提示

塞赫麦特是古埃及神话中的母狮神，也是太阳神拉的女儿，她象征战争和医疗，被视为法老的保护神。塞赫麦特的名字意味着“力量”，反映了古埃及对力量与保护的崇拜，其崇拜在古埃及文化中占有重要地位。

酒神拱廊石棺

狄俄尼索斯的欢歌

创作年代： 公元 2 世纪末

类型： 石棺

尺寸：（最大）高 69 厘米；宽 204 厘米；深 71 厘米

来源地： 意大利罗马

潘是希腊神话中的牧神，赫耳墨斯之子，拥有人的上半身和山羊的腿、角与耳朵。作为自然、牧羊和山林的守护者，潘以其催眠排箫、好色本性和恐慌象征而知名。

他的形象后来被妖魔化，成为中世纪恶魔的原型。

狄俄尼索斯是古希腊神话中的酒神和奥林匹斯十二主神之一，象征葡萄酒、欢乐、植物和繁殖。他不仅为古希腊社会带来欢愉与爱，还推动着文明发展，护佑农业与戏剧文化。对狄俄尼索斯的崇拜遍及古希腊，影响深远，体现了人类对自然本能和生命欢乐的追求和向往。

古罗马时期的狄俄尼索斯雕像

酒神拱廊石棺是罗马时期制作的艺术品，整体以科林斯式壁柱为框架，通过拱廊底座将狄俄尼索斯及其随从衔接到完整的画面中，反映了罗马社会对酒神崇拜及其庆典活动的重视，具有极高的艺术价值和历史研究价值。

酒器上的梅纳德斯　大都会艺术博物馆藏

梅纳德斯是酒神狄俄尼索斯的女祭司，意为“狂欢者”。女祭司们通过饮酒和狂舞进入狂喜状态，释放大自然的野性力量，是酒神游行中不羁的歌舞者。

小提示

自公元2世纪初，古罗马丧葬习惯由火葬转为土葬，权贵采用石棺，使之成为雕塑家展示技艺的平台。石棺雕刻随时间推移愈发精细复杂，成为罗马丧葬艺术的精华，留给后世丰富的墓葬浮雕艺术品。藏于大都会艺术博物馆中，刻有酒神的四季石棺，便是其中保存完好的、难得一见的珍品。

刻有酒神的四季石棺　大都会艺术博物馆藏

丘比特的胜利

关于爱的哲学表达

创作者：卡拉瓦乔
创作年代：1601 年
类型：布面油画
尺寸：高 156.5 厘米；宽 113.3 厘米
来源地：意大利

《丘比特的胜利》又名“爱征服一切”，展示了一位赤裸、顽皮的丘比特形象，作品通过明暗对比技法，强调形体真实感和情感表达，表现爱的力量超越法律和道德约束，对后世绘画产生深远影响。

丘比特是罗马神话中的爱神，对应着希腊神话中的厄洛斯，他的形象通常为赤身裸体的可爱男婴或英俊美少年形象，背后长有一对翅膀。他手持自制的弓箭，包括能促发爱情的金箭和导致分手的铅箭，还拥有飞翔和控制他人情感的能力。丘比特不仅象征爱情和欲望，也代表自然界的生机与万物的繁衍。

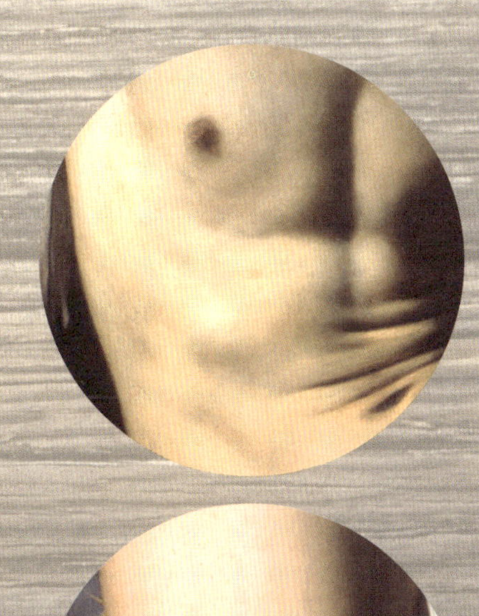

画作利用强烈的光影对比，创造了戏剧性的视觉效果。光线主要从左侧照射，强调身体轮廓和动态，而背景则淡化在暗处。这种明暗处理手法不仅凸显了主题，也增强了画面深度和立体感，成功地将观众的注意力集中到了画面中心——丘比特，突出其核心地位。

画面中，丘比特的身边散落着小提琴和鲁特琴、盔甲、王冠、直角尺和圆规、钢笔和手稿、月桂叶和花朵等，象征着艺术、权力、科学与战争的物品。这些“战利品”不仅表明爱的征服性，也暗示了人类应顺从内心的欲望，而非外在的约束。整幅画作充满了“爱征服一切”的哲学思想：爱的力量无所不能，它能超越所有人类的成就和制度。

尼罗河马赛克场景

埃及版清明上河图

创作年代：约公元 1 世纪

类型：古罗马马赛克画

尺寸：高 95.3 厘米；宽 102 厘米

来源地：意大利帕莱斯特里纳

尼罗河马赛克不仅展示了尼罗河的壮丽风景，也反映了古埃及与希腊文化的全面融合。这幅马赛克作为罗马人对古埃及的一种想象表现，也显现了古典时期对埃及异国风情的向往与美化，也是“尼罗河风景画”风格的实例，堪称埃及版清明上河图。

柏林老博物馆所藏的这一马赛克场景，实际是一整幅完整作品的局部。在完整的马赛克作品上，画面通过曲折的尼罗河延伸，尽可能多且自然地展现当地自然风貌、野生动物及贵族们的奢侈生活。尽管经历了时间的侵蚀，但这幅马赛克仍然保存相对完好，并成为研究古埃及与罗马文化交流的重要资料。

尼罗河马赛克场景所描绘的时代，乃是公元前305年—公元前30年存在的托勒密王朝，这一王朝虽然是以希腊人为统治阶级，但掌权者并没有扼杀埃及本土的文化，在这一时期诞生了许多文学及艺术品。

这幅尼罗河马赛克正揭示了托勒密王朝奢靡的社会风气。画作展示了贵族在尼罗河畔聚会等上层社会的奢靡与高雅生活。然而，这种奢靡景象实际是建立在沉重税负和外交操作上，暗示了托勒密王朝早期衰退的社会背景。

小提示

制作尼罗河马赛克场景所使用的马赛克艺术，起源于约公元前3000年的美索不达米亚，采用宝石、玻璃、贝壳或陶瓷等材质制作，多用于装饰宗教建筑和宫殿。尽管在经历古希腊、罗马等文化的发展和演变后，马赛克在文艺复兴时期流行度减弱，但因其悠久的历史与文化价值，至今仍被现代艺术家和工匠所采用。

半人马马赛克

罗马马赛克艺术的代表

创作年代：约公元 120 年—130 年
类型：马赛克画
尺寸：高 58.5 厘米；宽 91.5 厘米
来源地：意大利哈德良别墅

这幅半人马马赛克描绘了一场惊心动魄的战斗，雄性半人马勉力对抗狮子，而雌性半人马遭到老虎的致命攻击。在一旁，雄性半人马用力高举巨石准备反击，虽然狮子倒地，但战斗的胜负仍悬而未决。与此同时，背景深处的豹子正蓄势待发，场景通过色彩渐变和崎岖地形营造出深远的空间感，使这场自然界的战斗充满了不确定性和戏剧性。

半人马马赛克是18世纪在蒂沃利发现的马赛克艺术品，画面通过戏剧化的场景描绘了野性的战斗，体现了罗马马赛克艺术精湛的技艺。这幅作品被认为是基于希腊化时期艺术的罗马创作，展现了卓越的艺术价值和深厚的文化底蕴。

半人马是古希腊神话中的一种半人半马生物，由人的躯干和马的身体组成。尽管他们通常被描绘为野性和狂暴的象征，同时也象征着人类肉欲和动物性冲动的困扰，但也有例外，如知识渊博的导师——半人马喀戎。

在古希腊人的艺术作品中，对半人马的描绘也从强调他们的兽性，逐渐转向为强调他们的人性品质。其中，诗人奥维德，也曾留下了有关半人马夫妇之死的动人故事，这一主题正与半人马马赛克的主题相类似。

这些作品的留存，都表明古希腊罗马人将半人马视为具有人性特质的生物，强调其情感和家庭关系，同时也反映了他们对人性的关注和赋予生命的渴望。

小提示

半人马马赛克曾作为建筑装饰的一部分，被放置在位于意大利蒂沃利的哈德良别墅中。这座别墅实际为罗马帝国哈德良皇帝的行宫，占地面积达68平方千米，拥有宏大的规模和精致的园林风格，称得上是罗马的“万园之园”。虽然经过毁坏与被遗忘，但通过19世纪的系统发掘和保护，哈德良别墅的古典魅力依然引人注目。

意大利哈德良别墅遗址

轧钢工厂

最早描绘工人劳动的杰作

创作者：阿道夫·冯·门采尔
创作年代：1872 年—1875 年
类型：布面油画
尺寸：高 158 厘米；宽 254 厘米
来源地：德国

《轧钢工厂》采用从右前角向左后角延伸的大对角线构图，引导视线深入画面。远处大飞轮的位置与祭坛画拱门类似，形成视觉焦点，并与前景工人手臂上的动作和机器角度形成视觉指引线条，让人物与物体的大小逐步向左递减，创造空间深度，使观者的视野能够穿透整个场景。

《轧钢工厂》是德国画家门采尔创作的一幅油画作品，画作以现实主义手法展现了工业活动的力与美，反映了工人运动的社会历史变革，具有划时代的艺术和历史意义。

画作以充斥昏黑烟雾的工厂为主要场景，烧红的铁块与燃烧出的金黄光芒相映衬，同时用少许的白色来塑造外面苍白的日光，照亮远处的工厂景深，以比例不同的黑、红、金、白四色为色调，让整个场景真实而又沉重。

小提示

为创作《轧钢工厂》，门采尔曾耗时3年亲自深入西里西亚工业区，亲身体验工人生活，并在此期间完成了数百幅速写。也基于这些真实的体验，作品才真实还原了工业生产的热烈场景，成为最早表现工人劳动场景的杰作，并成功展现产业工人的智慧与其在社会的重要性。

阿道夫·冯·门采尔自画像

腓特烈大帝在无忧宫演奏长笛

舞会晚宴

睡觉的女人

文物小知识

画中历史：门采尔笔下的变迁

阿道夫·冯·门采尔是一位杰出的德国现实主义艺术家，他的作品主题丰富，覆盖历史场景至日常生活，深入描绘从上层贵族到普通民众的多层面社会生活，同时也记录着当时的时代变迁。

腓特烈大帝系列作品

从19世纪40年代起，门采尔便开始直接取材于现实生活，创作了大量的风俗画与肖像画，在这一时期，门采尔探索了如何将历史主题与写实技法相结合的方法，在腓特烈·威廉四世的委托下，绘制了一系列以“腓特烈大帝”——腓特烈二世为主题的代表作，以此打开了自己的知名度，成为令德国社会交口称赞的画家。

在这一系列的作品中，《腓特烈大帝在无忧宫演奏长笛》是其中翘楚。在画面中，腓特烈二世为姐姐接风洗尘，亲自演奏长笛，这样具体而生动的场景，不仅体现了腓特烈大帝在军事政治才能之外对艺术的热爱，更通过一方画布，成功拉近了历史与当代的距离。

社会的两极

阿道夫·冯·门采尔的作品全面触及了社会各阶层，从上层贵族到普通平民，都成为他笔下的主题。

从反映上流社会生活场景的、极尽豪奢的《舞会晚宴》，到刻画普通人日常生活的《睡觉的女人》，门采尔都以客观现实的立场，精准捕捉并呈现了社会阶层的复杂性和多样性。

除了宫廷画作，门采尔还留下了刻画德国下层劳动者生活场景的大量画作，如泥水匠、马车

柏林至波茨坦铁路

夫、磨刀人、油漆工、修车工等，并通过刻画这些生活细节，展现出了工业繁荣背后隐藏的社会现实，反映了社会两极分化的现实，与无数人真实的人生。

工业的浪潮

在18世纪60年代至19世纪40年代，蒸汽机的出现曾引起了第一次工业革命。门采尔的作品《柏林至波茨坦铁路》便记录了这一工业变革时期的场景。

这幅画是德国绘画中首次描绘火车的作品，描绘了1838年开通的柏林—波茨坦铁路，该铁路位于柏林市南部，这是普鲁士的第一条铁路，位于今天的格莱斯德赖克附近。

在这幅画中，门采尔并不追求技术细节的展现，而是着眼于铁路对周边小规模景观的影响，以及火车在行驶中，火车速度与烟雾一起创造的全新的视觉效果。

其画作中的视点位于今天的大古尔申大街火车站位置，尽管柏林市轮廓形状依稀可辨，但画作的目的并非表达地形的准确性，而是为铁路主题服务的。

门采尔运用暗示性的光影、深色调和快速画笔痕迹创造出引人入胜却又信息零碎的画面，着重表达铁路线如何引导观众的视线，并通过颜色和画面处理强调了场景的瞬间和流动性，而非强调单个具体物体的细节，以一种一往无前的气势渲染出工业的浪潮。

法尤姆木乃伊肖像

古典木板画的代表

创作年代：
约公元 120 年—130 年
类型： 木板蛋彩画
尺寸： 高 33 厘米；
宽 20 厘米
来源地： 埃及法尤姆

法尤姆木乃伊肖像是罗马时期埃及上流社会木乃伊的附属物，也是古典木板画传统中唯一大量保存下来的艺术品。在留存的肖像中，有一年轻女子的肖像画笔触细腻，十分精美，虽然有所残缺，但能清晰反映当时社会的审美观念和个人装饰的流行风尚。

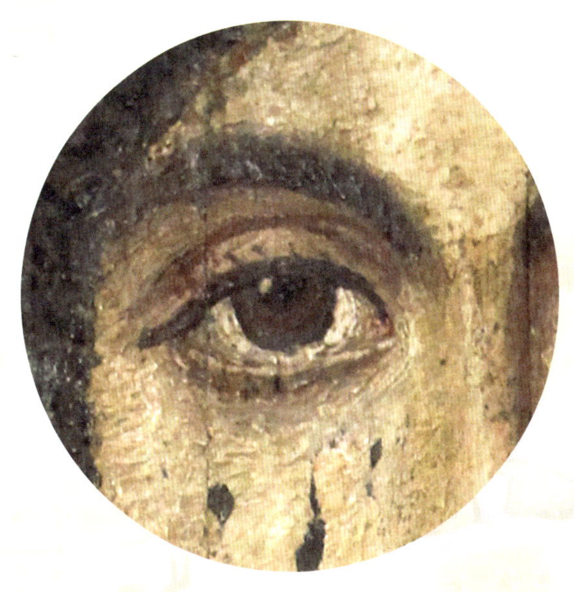

法尤姆木乃伊肖像主要采用的是蜡画和动物胶蛋彩画两种主要技法，通常会在绘画之前，用一层灰泥打底以便上色。蜡画的绘制方法会产生丰富的色彩和较大的笔触，使整体画面产生类似印象派的效果，而蛋彩画技法则能以精细的色调渐层和柔和色彩展现内敛画面。在绘画过程中，还会用金箔来进行对珠宝和花环的细节描绘。这些技法展现了当时的绘画者深厚的绘画专业知识，也使得肖像人物拥有逼真立体、光影分明的特点。

肖像中年轻女子的造型，可以反映出当时的女性装扮风潮。画中的前额卷发是这一时期除中分、辫子之外普遍流行的发型。在服装颜色上，当时的女性对于红、粉红、紫的衣裳格外偏爱，但黄、蓝和画中女子所穿的白色也同样流行。

她戴着三条多排项链与一对悬着三颗珍珠的耳环，以黄金、珍珠为主，十分富丽，虽然这组珠宝设计简约，材质单一，但实际上祖母绿、石榴石、玛瑙等宝石也是当时的珠宝宠儿。

小提示

法尤姆木乃伊肖像画的主要用途是作为死者木乃伊上的遗像，绘制的时间原先被认为是生前所画，后经过裁剪用于葬礼，而现在的多数学者则认为这些肖像是专门为葬礼制作的。这些被发现的肖像画多数保存状态良好，颜色依旧鲜艳，几乎都是正面头像或半侧面的头胸像，艺术风格更接近古希腊罗马风格，而非埃及的本土风格。

男性木乃伊　曼彻斯特博物馆藏

文物小知识

定格的思念：
木乃伊肖像

法尤姆木乃伊肖像是一种为死者描绘的头胸像或肖像，这些肖像多见于法尤姆地区，通常描绘在木板上，表情忧郁，有时标有姓名。它们体现了罗马美术对埃及美术的影响，对后世艺术发展具有重要影响。

木乃伊面具与肖像画

从公元前2000年的木乃伊面具，到希腊罗马时期的木乃伊肖像画，这些木乃伊肖像的艺术风格与制作技法经历了显著的变化。最初制作的面具五官更加符号化，象征复活与青春，而肖像画则更加逼真生动，充满个性。这些肖像通常以四分之三侧面描绘，更加注重强调死者本身的面貌特征。这一过渡反映了埃及与罗马丧葬传统的融合以及希腊罗马艺术风格在埃及葬俗中的影响。

发现与收藏

彼得罗·德拉瓦勒于1615年首次发现并将木乃伊肖像介绍给欧洲，开启了欧洲对这一独特艺术形式的兴趣。直到19世纪初，更多木乃伊肖像才开始被发现。人们推测它们可能来自萨卡拉或底比斯。19世纪后期，这些肖像因其独特美感成为国际艺术市场上的热门收藏品。

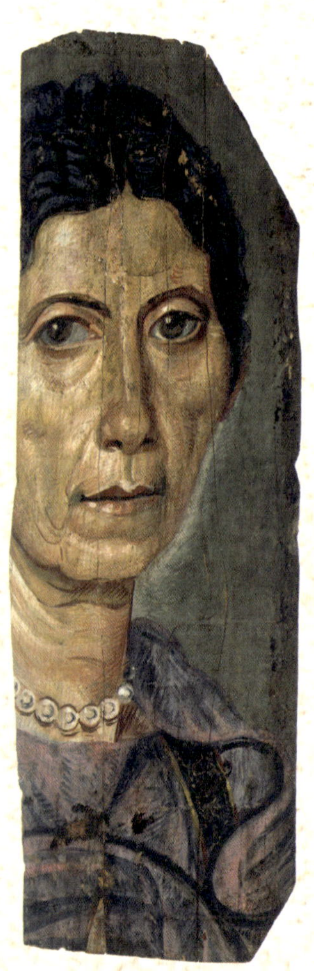

柏林博物馆岛藏其他法尤姆木乃伊肖像画

此后，弗林德斯·皮特里和冯·考夫曼的考古发掘了更多木乃伊肖像，尽管这些肖像因发掘方式不当而缺乏考古背景，其文化和历史价值仍有争议，但仍然具有极高的艺术价值。

如今，全球重要博物馆均展出着这些肖像，包括大英博物馆、苏格兰国立博物馆、纽约大都会艺术博物馆和巴黎卢浮宫博物馆。

考古与研究

第二次世界大战前，受当时的思潮影响，学者们开始尝试判断肖像画主人的种族身份，而到了近年，学术界则更关注于研究他们的社会地位与文化背景。学者们推断这些肖像画的主人通常属于社会上层，如希腊语教师、海运富商、退役军人等，拥有罗马公民权和相应的特权——肖像画中豪华的装饰、昂贵的颜料以及精细的加工，都能够显示出其主人的显赫地位。

此外，这些肖像画也体现了当时希腊文化对埃及社会的深刻影响。在当时的社会上层，罗马帝国对希腊文化的赞赏和推广，体现在方方面面，甚至在上流社会中，希腊文化更是成为显赫身份的标志。当时有文化的人都以希腊语为主要语种，且希腊的移民拥有诸多特权，甚至还有专属的法庭。

根据学者的统计，只有百分之一的墓主人拥有木乃伊肖像画，而相比其他的死者，贵族的木乃伊肖像画都较之更为奢华，这些信息都揭示了木乃伊肖像画中所反映的复杂社会阶层。

柏林博物馆岛藏其他法尤姆木乃伊肖像画

重装步兵青铜雕塑

斗志昂扬的战士身影

创作年代：

约公元前 510 年 — 公元前 500 年

类型： 古希腊青铜雕塑

尺寸： 高 12.8 厘米

来源地： 希腊多多纳

重装步兵青铜雕塑是一尊以希腊重装战士为原型的小型雕塑，展示了希腊战士的英勇形象和军事重要性。这件艺术品不仅体现了古希腊雕塑的精湛技艺，也反映了希腊文化中对守护神的崇拜和对军事力量的尊重。

在古希腊，战士们蓄留长发是男子气概和果敢的标志，当时的人们认为长发与英雄主义、力量及自由紧密相连。长发不仅象征着战士的神圣血统与个人魅力，以及健康与能够保持个人清洁的能力，还被认为是权力和智慧的象征。

重装步兵小雕塑是古希腊人献给守护神宙斯的礼物，它原本可能作为大锅顶端的装饰或把手，未曾真实使用。这件艺术品体现了希腊的军事力量，反映出希腊人对军事成就的重视，以及向神明献祭以求庇护的文化习俗。

宙斯雕像

重装步兵小雕塑代表了希腊古风时代末期的典型战士形象。他头戴头盔、身穿胸甲、腿部配装备，同时左手持盾牌，右手原本挥舞长矛，但可惜长矛已缺失无踪。其动态充满活力，展示了希腊人对重装步兵强大战斗力的理想化描绘。

同时期青铜矛头　大都会艺术博物馆藏

小提示

重装步兵小雕塑采用了“失蜡法”这一青铜制作技术。失蜡法是一种精密铸造技术，通过制作蜡型、覆盖黏土制作型壳、加热融化蜡型、倒入金属液体铸造，冷却后去壳得到产品。这一制作方法可制作形状复杂、细节精致的铸造品，藏于中国河南博物院的云纹铜禁，就是中国春秋时期运用失蜡法制作的青铜器精品。

云纹铜禁　中国河南博物院藏

维特斯菲尔德鱼

最引人注目的黄金宝藏

维特斯菲尔德鱼是用金银的合金制作的，展示了斯基泰高度发达的金属工艺。金鱼的身上雕刻有动物的复杂浮雕，采用锋利工具精细雕刻，冲压。这条鱼不仅是精美的艺术品，也可能曾固定于一个带有铁支架的圆形盾牌上，作为盾牌的装饰。

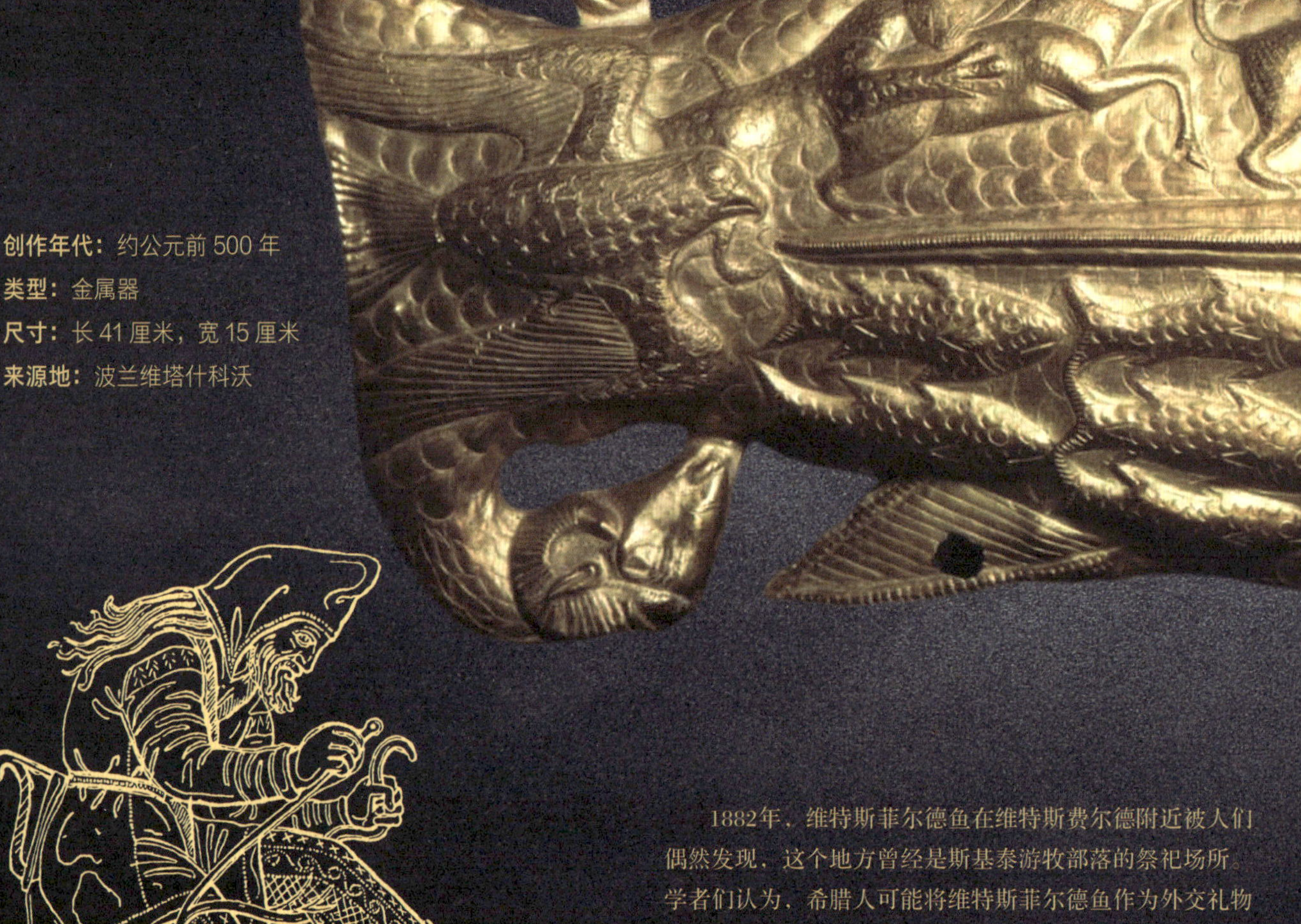

创作年代： 约公元前 500 年

类型： 金属器

尺寸： 长 41 厘米，宽 15 厘米

来源地： 波兰维塔什科沃

1882年，维特斯菲尔德鱼在维特斯费尔德附近被人们偶然发现，这个地方曾经是斯基泰游牧部落的祭祀场所。学者们认为，希腊人可能将维特斯菲尔德鱼作为外交礼物赠与了斯基泰人，或斯基泰人模仿了希腊人的精湛技艺，制作了这条鱼。

古雕刻斯基泰游牧部落的战士

维特斯菲尔德鱼以斯基泰动物风格创作，象征着希腊与斯基泰文化的融合，展现了跨文化艺术交流的魅力。鱼身上雕刻有细腻的动物与公羊头图案，体现了技术高超和深邃的艺术价值。

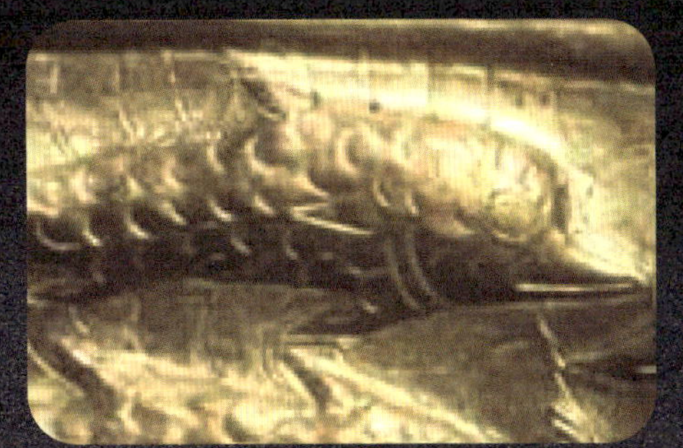

维特斯菲尔德鱼其上精致的浮雕，分别描绘了天空、海洋和大地上的动物与神话人物，展现了斯基泰文化中的自然与神性象征。

上部区域的豹子、狮子与野兔表现了大地的野性与生命力；下部的海卫与鱼群则体现了海洋的丰富与神秘；而中央的公羊头与展翅鹰象征的是天空的统治力量。这些图案可能象征着斯基泰统治者的全方位掌控力与领导力，同时也反映着斯基泰人对自然与宇宙秩序的敬畏与崇拜。

小提示

维特斯菲尔德宝藏，又称维塔什科沃宝藏，是一批1882年在德国维特斯菲尔德（现波兰维塔什科沃）意外发现的珍贵文物，现收藏于柏林古董收藏馆。这些文物充满斯基泰动物主题艺术风格，包括金盘、装饰短剑、编织链、耳环、护身符式“磨刀石”、手镯和黄金密封戒指等，展示了斯基泰人的精湛工艺和动物纹饰艺术。

维特斯菲尔德的黄金宝藏

柏林金帽子

宇宙天文的留影

柏林金帽子的装饰花纹共有21个水平的装饰带和成排的符号，以及14种不同的印章和3种装饰轮或圆柱形印章。其中特别独特的是一排横卧的新月图案和八辐星的装饰，以及足部与帽子锥体上类似的图案，增强了其神秘感和象征意义。

学者们猜测，这些精细的装饰不仅是艺术表现，还可能是一种复杂的数学函数系统，用于计算阴历和阳历中的日期或周期。虽然柏林金帽子的具体使用方式和其代表的确切知识尚未完全破译，但这些装饰的存在无疑显示了青铜时代的人们在数学、天文学以及艺术方面的高度发展和深刻理解。

创作年代：约公元前1000年—公元前800年

类型：金属器（黄金）

尺寸：高74厘米；直径31厘米

来源地：德国

柏林金帽子是青铜时代晚期的杰出文物，由薄金箔精工制成，体现了当时高超的金工技艺。它不仅是太阳崇拜和宗教仪式中的重要象征，还被认为具有天文历法功能，是青铜时代文明技术与宇宙观念相结合的独特证据。

柏林金帽子的外形是细长圆锥形，重490克，特色在于其细长的形状和全身浮雕图案。其底部和帽檐外缘用青铜片环和金属丝加固，使造型更加稳定。而根据推测，金帽子通常被认为是太阳崇拜中的神灵或祭司象征。

柏林金帽子由87.7%金、9.8%银、0.4%铜和0.1%锡的金合金整体捶制而成，厚度约0.6毫米。匠人以精细的温度控制和等温加热等技术避免熔化，并在制作过程中填充油灰或沥青，展现了青铜时代高超的技术成就和精细的工艺水平。

埃泽尔斯多夫-布赫金锥

小提示

迄今为止已知的四顶青铜时代金帽子包括阿万顿金锥、希弗施塔特金帽子、埃泽尔斯多夫-布赫金锥和柏林金帽子，分别发现于法国、德国和可能的斯瓦比亚或瑞士，跨度从公元前1400年至公元前800年。

这些帽子的精细装饰和制造技术显示了西欧和中欧青铜时代文化的连贯性，虽然它们的用途可能与宗教崇拜和复杂的日历装置有关，但具体功能仍然是个谜。

希弗施塔特金帽子

学校课程饮酒碗

了解古希腊教育观念的窗口

创作年代： 约公元前 480 年

类型： 陶器

尺寸： 高 11.5 厘米；直径 28.5 厘米

来源地： 意大利切尔韦泰里

学校课程饮酒碗是由著名古希腊画家杜里斯所绘制的陶器作品，因其描绘了罕见的学校场景而在艺术和专业领域内受到关注。它不仅展现了古希腊艺术的美学特点，也提供了了解古希腊教育观念和生活方式的窗口，具有较高的艺术和文化价值。

凯利克斯饮酒碗器型示意图

学校课程饮酒碗的器型为凯利克斯，这种器型通常用于饮葡萄酒，其碗口较浅，且有对称的把手。杯底的设计一般不会超过碗的直径，高矮也可以根据客人需要来进行制作。这件饮酒碗是由黏土或陶土，经过捏制成形后烧制的，是古希腊陶器的代表作。

古希腊瓶画是希腊陶器上的装饰画，代表了希腊绘画的特色与极高水平。瓶画的内容丰富，风格多样，技艺精湛，绘制时主要采用“黑花式”和“红花式”两种风格。现今留存的瓶画不仅展示了古希腊人对自然的模仿追求，也对后世欧洲及西方绘画的发展产生了深远影响，是古希腊美术的重要组成部分。

厄俄斯抱着门农

学校课程饮酒碗图案线描

学校课程饮酒碗描绘了雅典富裕家庭男孩的日常学校生活，展现了优秀人物的美好生活。图案包括演奏竖琴、背诵英雄歌曲、双笛演奏和写作等课程，同时显示了学校用具和音乐器材的完备，以及古希腊人对教育的重视与优雅生活的理念。

小提示

杜里斯是公元前5世纪的古希腊画家，主要活跃于公元前500年左右，与古希腊艺术家布吕戈斯生活于同一时代，以“红花式”绘画而著称。他的风格精细，优雅而准确，极具艺术观赏性。尽管杜里斯的作品现仅存有39件，但这些画作展现了当时上层阶级的休闲生活，包括体育、宴会和社交，除此之外，还有许多以神话与战争为主题。

阿普利亚蜗壳式陶瓶

创作年代：公元前 4 世纪

类型：陶器

尺寸：高 113 厘米

来源地：意大利阿普利亚

阿普利亚蜗壳式陶瓶是柏林老博物馆馆藏的阿普利亚陶器文物中最大的一件，描绘了希腊艺术中广受欢迎的《巨人之战》主题。其独特的构图和主题表现使其成为研究古希腊艺术和神话的宝贵资源，具有极高的艺术和历史价值。

蜗壳式陶瓶是一种具有独特蜗壳形手柄的大型双柄花瓶，主要用于混合酒水。这种器型在公元前6世纪初首次出现，虽然经历了多次变化，但其蜗壳形的手柄结构一直保持不变，成为这种陶瓶类型的标志性特征。

蜗壳式陶瓶的手柄设计源自蒂诺斯和维奥蒂亚的浮雕，但最初仅仅只能作为装饰元素。后来，拉科尼亚匠人通过缩小装饰黏土盘的尺寸，实现了实用与装饰的结合，这才让手柄重新变得可用。

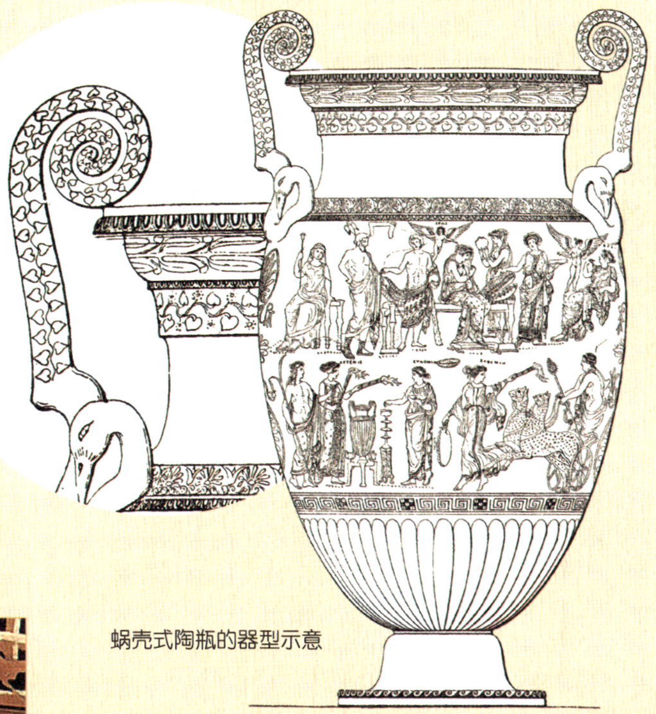

蜗壳式陶瓶的器型示意

阿普利亚蜗壳式陶瓶上的神话花纹，展现了率领奥林匹斯众神的主神宙斯，挥舞闪电领导胜利战车与巨人的决斗。而上方则描绘了珀琉斯与海洋女神忒提斯的战斗，最后帕琉斯获得胜利，这一场景象征胜利与爱的获得。

通过战斗与爱情的绘画，体现了古希腊对命运、胜利与神话故事的深刻关注。这些图案不仅是艺术品，也隐喻了生与死的循环以及对生命、命运的反思。

小提示

阿普利亚为意大利南部的地区，在历史上是大希腊文化的中心之一，以生产独特的纪念性陶瓶而闻名，尤以蜗壳壶、双耳瓶和卢托弗罗壶声名远扬。

在公元前430至公元前300年之间，阿普利亚成为重要的花瓶绘画生产地，其作品以“朴素风格”和“华丽风格”著称，主题涵盖神话、战斗场景和日常生活。这些花瓶主要用作陪葬品。

意大利阿普利亚地区

文物小知识

阿普利亚花瓶：
神话的隐喻

藏于柏林老博物馆的一组阿普利亚花瓶，由29件花瓶及相关碎片组成，装饰着精美的阿普利亚风格图案。这些器皿被认为是用于古代葬礼的，特别是装饰葬礼主题的花瓶。这些花瓶画作品主题多为神话，尽管这些神话本身的主题或许与死亡的关联并不多，但当它们出现在陪葬品上时，便会被匠人们引作不同的隐喻，阐述着当时的人们对于死亡的不同理解，安抚并慰藉着逝者的亡灵。

阿普利亚赫拉克勒斯盘

阿普利亚普罗米修斯圣杯

雅典娜接引赫拉克勒斯

阿普利亚赫拉克勒斯盘是由弗里克索斯团体创作的，作品直径为50厘米，中心图案是赫拉克勒斯的形象：一个无胡须的青年，穿斗篷而非狮皮，仅通过手中的棍棒表明其身份，而在旁边引导他的则是守护神雅典娜。盘子边缘描绘的内容是海女与海洋生物，象征着欢乐祥和的来世，并用镜子、球等图案暗示快乐与永恒。这件作品的图案寓意着死亡是在另一个地方开启新的生活。

赫拉克勒斯解救普罗米修斯

阿普利亚普罗米修斯圣杯高57厘米，一面绘制着赫拉克勒斯释放被囚禁折磨的普罗米修斯的场景，另一面则绘制着酒神狄俄尼索斯与梅纳德斯。

赫拉克勒斯是古希腊神话中最伟大的英雄，为赎罪而完成了十二项“不可能完成”的任务，功绩卓越。而普罗米修斯则为了人类盗取火种，被囚禁在高加索山上日日受罚。作品上绘制这样的图案，或许意味着死亡是对痛苦的解脱。

阿普利亚赫克托耳蜗壳陶瓶

阿普利亚珀耳塞福涅蜗壳陶瓶

赫克托耳与安德洛玛刻的告别

阿普利亚赫克托耳蜗壳陶瓶高107厘米，是柏林老博物馆收藏的阿普利亚陶器文物中的一件。

其上一面画有赫克托耳与安德洛玛刻的告别——赫克托耳是特洛伊第一勇士，是古希腊传说和文学中非常高大的英雄形象，而他的妻子安德洛玛刻则是以温柔聪敏、心意坚贞而闻名，是古希腊悲剧中的经典形象。这样的主题，暗喻着“死亡是一场对家人心怀挂念的告别”。

被哈迪斯带走的珀耳塞福涅

阿普利亚珀耳塞福涅蜗壳陶瓶高86.5厘米，其上描绘了珀耳塞福涅被冥王哈迪斯绑架至冥界的故事。

画面中，哈迪斯和珀耳塞福涅乘坐战车，珀耳塞福涅伸手寻求救援，而赫耳墨斯引导，赫卡忒手持火把跟随。得墨忒耳悲伤地命令仆人追赶，但追逐是徒劳的。通过铭文和画面上追逐者和被追逐者的动向，画家巧妙地表现了绑架的紧迫感和母亲的无助。这一画面隐喻着“死亡是被带往冥界”的观点。

德国其他博物馆名录（节选）

霍姆布洛伊博物馆岛

德国海外移民博物馆

弗柯望博物馆

克洛肯哈根露天博物馆

老国家艺术画廊

科隆柯伦巴艺术博物馆

波恩历史博物馆

柏林通讯博物馆

卡尔斯鲁厄艺术与媒体中心

布尔达博物馆

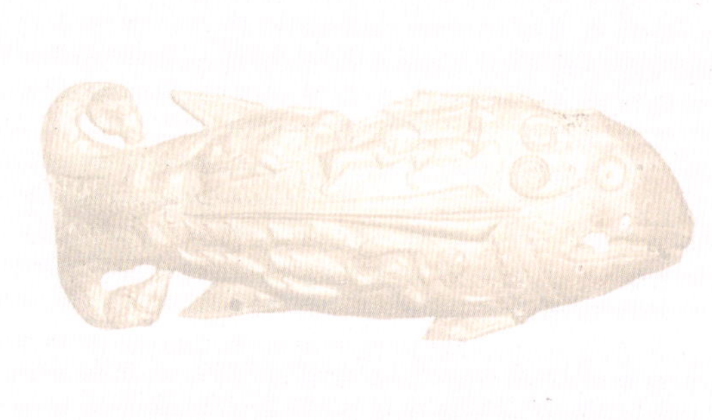

阿普利亚蜗壳式陶瓶

图书在版编目（CIP）数据

世界博物馆全书. 第一辑. 柏林博物馆岛 / 红糖美学著. -- 武汉：华中科技大学出版社，2024. 11.
（世界瑰宝系列）. -- ISBN 978-7-5772-1165-7

Ⅰ. G269.1

中国国家版本馆CIP数据核字第20247LF905号

世界博物馆全书. 第一辑 柏林博物馆岛 红糖美学 著

Shijie Bowuguan Quanshu Di-yi Ji Bolin Bowuguandao

出版发行：华中科技大学出版社（中国·武汉） 电话：（027）81321913
华中科技大学出版社有限责任公司艺术分公司 （010）67326910-6023
出 版 人：阮海洪

责任编辑：张 颖 刘昊威 杨志新 封面设计：JOJO
责任监印：赵 月 张 丽

制 作：王玉平
印 刷：北京兰星球彩色印刷有限公司
开 本：889mm × 1194mm 1/16
印 张：60
字 数：550千字
版 次：2024年11月第1版第1次印刷
定 价：998.00元（全10册）